ДИДАХЕ

УЧЕНИЕ ГОСПОДА, ПЕРЕДАННОЕ

НАРОДАМ ЧЕРЕЗ 12 АПОСТОЛОВ

ORTHODOX LOGOS PUBLISHING

ДИДАХЕ. УЧЕНИЕ ГОСПОДА, ПЕРЕДАННОЕ НАРОДАМ ЧЕРЕЗ 12 АПОСТОЛОВ
Анонимный раннехристианский источник

Икона на обложке книги:
«Учение Двенадцати Апостолов»,
Неизвестный автор

© 2024, Orthodox Logos Publishing, The Netherlands

www.orthodoxlogos.com

ISBN: 978-1-80484-175-4

This book is in copyright. No part of this publication may be reproduced, stored in a retrieval system or transmitted in any form or by any means without the prior permission in writing of the publisher, nor be otherwise circulated in any form of binding or cover other than that in which it is published without a similar condition, including this condition, being imposed on the subsequent purchaser.

ДИДАХЕ

УЧЕНИЕ ГОСПОДА, ПЕРЕДАННОЕ

НАРОДАМ ЧЕРЕЗ 12 АПОСТОЛОВ

ORTHODOX LOGOS PUBLISHING

СОДЕРЖАНИЕ

Предисловие 7

Дидахе («Журнал Московской Патриархии», 1975, № 11)

Глава 1. Учение о двух путях 14

Глава 2. Заповеди 16

Глава 3. Наставление премудрого 17

Глава 4. Отношение к братьям 19

Глава 5. Путь смерти 21

Глава 6. Следование пути жизни 22

Глава 7. Крещение 23

Глава 8. Богослужение 24

Глава 9. Причастие 25

Глава 10. Действие благодати 26

Глава 11. Учители 27

Глава 12. Христианское странноприимство 29

Глава 13. Вознаграждение пророков и учителей . . . 30

Глава 14. Собрание в день Господень 31

Глава 15. Поместные служители 32

Глава 16. Ожидание пришествия Господня . . . 33

Дидахе (перевод М.С. Соловьёва)

Глава 1 36

Глава 2 38

Глава 3 39

Глава 4 40

Глава 5 42

Глава 6 43

Глава 7 44

Глава 8 45
Глава 9 46
Глава 10 47
Глава 11 48
Глава 12 50
Глава 13 51
Глава 14 52
Глава 15 53
Глава 16 54

Дидахе (перевод К. Д. Попова)

Глава 1 56
Глава 2 58
Глава 3 59
Глава 4 60
Глава 5 62
Глава 6 63
Глава 7 64
Глава 8 65
Глава 9 66
Глава 10 67
Глава 11 68
Глава 12 70
Глава 13 71
Глава 14 72
Глава 15 73
Глава 16 74
Примечания 76

ПРЕДИСЛОВИЕ

«Дидахе», или «Учение Господа, переданное народам через 12 апостолов», – это один из важнейших древнехристианских текстов, который освещает ключевые аспекты жизни раннехристианской общины. Этот документ, датируемый концом I – началом II века, представляет собой набор наставлений, собранных апостолами для своих учеников и будущих христиан, давая подробные рекомендации по духовной жизни, богослужениям и этическим вопросам. Текст «Дидахе» долгое время считался утерянным, пока его рукопись не была найдена в конце XIX века.

«Дидахе» состоит из 16 глав, которые охватывают основные положения христианской веры, вплетая в учение заповеди Христовы. Начальные главы посвящены нравственным нормам, описывая «два пути» – путь жизни и путь смерти. Путь жизни включает в себя любовь к Богу и ближнему, следование заповедям, стремление к духовной чистоте и кротости. Путь смерти, напротив, описывает пагубные действия, ведущие к погибели души. Эти главы напоминают Десять заповедей и Нагорную проповедь, усиливая значение духовной борьбы и ежедневного подвига христианина.

Одной из ключевых тем «Дидахе» является важность молитвы и участия в Таинствах Церкви. Особое внимание уделено Таинству Крещения, посту, Евхаристии и основным элементам богослужебного порядка. Обряд Крещения описывается с детальной точностью, а условия для его совершения подчеркивают важность живой воды и тройного погружения во имя Отца, Сына и Святого Духа. Эти моменты свидетельствуют о глубоком символизме воды как источника жизни, чистоты и духовного обновления.

Евхаристия, как центральное таинство христианской жизни, также детально представлена в «Дидахе». Авторитетный текст подчеркивает необходимость внутренней подготовки перед участием в Евхаристии: только крещеные, принявшие спасение через веру и покаяние, могут участвовать в Причастии. Это наставление укрепляет понимание Таинства как средства для единения с Христом и другими членами Церкви.

«Дидахе» обращается не только к внутренним вопросам духовной жизни, но и к практическим аспектам христианского существования в сообществе. Христианская этика в отношениях с ближними и духовными наставниками раскрывается в главах, посвященных учителям, пророкам и странноприимству. Апостолы призывают не только чтить своих духовных лидеров, но и следить за тем, чтобы пророки и учители действовали искренне и во славу Божию. Этот элемент отражает важность пастырского служения и поддержания чистоты в общине, а также осмотрительность в вопросах духовного руководства.

Важным аспектом учения является взаимопомощь и гостеприимство. Христиане призываются к делению с теми, кто находится в нужде, и к принятию странников и пророков с заботой и добротой. Однако также подчеркивается необходимость быть осторожными в поддержке тех, кто использует духовное братство для личной выгоды. Это подчеркивает глубокую мудрость «Дидахе», которая остается актуальной в вопросах духовного наставничества и поддержания порядка внутри Церкви.

Заключительная часть «Дидахе» направлена на подготовку к ожиданию второго пришествия Господа. Она говорит о необходимости бодрствования, постоянной молитвы и нравственной чистоты. Это учение помогает христианам сохранять надежду на будущее и оставаться верными Христу, несмотря на испытания и искушения, которые могут встретиться на их пути.

Историческое значение «Дидахе» сложно переоценить. Этот текст является уникальным свидетельством того, как жила и развивалась ранняя христианская община, какие ценности и обычаи она поддерживала. Он проливает свет на организацию ранней Церкви, ее отношения с внешним миром и внутреннюю духовную жизнь. Сегодня «Дидахе» продолжает оказывать влияние на православную традицию, служа ориентиром для духовного роста и христианского поведения.

Этот перевод на русский язык предоставляет широкому кругу читателей возможность познакомиться с древним документом в его аутентичном виде. Текст помогает осознать глубину христианской веры, корни которой уходят в апостольское время, и осмыслить, как эти древние истины могут быть применены в современной жизни. Наставления, данные в «Дидахе», сохраняют свою актуальность, напоминая о том, что путь к Богу лежит через любовь, смирение, веру и соблюдение заповедей.

В заключение стоит отметить, что «Дидахе» – это не просто исторический текст, а живое свидетельство вечных истин христианства. Он напоминает о том, что каждый из нас стоит перед выбором между путем жизни и путем смерти, и от нашего выбора зависит наше духовное будущее. Этот текст, как духовное руководство, помогает читателям осознать ответственность за свою жизнь перед Богом и ближними, и вдохновляет на подвиг веры и любви.

Автором «Дидахе» является коллектив апостолов и первых христианских учителей, которые сформировали этот текст в конце I века. Традиционно документ приписывается 12 апостолам, которые, согласно церковному преданию, были передатчиками учений Иисуса Христа. Точное авторство остается анонимным, что типично для апостольских документов того времени, ведь авторы стремились подчеркнуть коллективный дух раннехристианского учения и передать слова Господа в чистом виде.

Апостолы, будучи первыми свидетелями жизни, учений, страданий и воскресения Иисуса Христа, несли огромную ответственность за распространение благовестия и наставление новых последователей Христа в вере и нравственности. Их миссия состояла не только в проповеди, но и в передаче практических знаний, необходимых для духовной жизни первых христианских общин. Это включало разъяснение заповедей Христа, наставления по поводу проведения таинств, молитв, постов, а также правил поведения в повседневной жизни.

«Дидахе» отражает особенности той эпохи, когда христианство еще только начало распространяться по Римской империи. Общины нуждались в четких указаниях, как вести себя в окружении языческой культуры, как правильно крестить новообращенных, как совершать Евхаристию и другие таинства. В условиях отсутствия сформированной письменной традиции и канонизированного текста Нового Завета, «Дидахе» стало важным инструментом для первых христиан.

Значительную часть авторов этого документа составляли люди, близкие к апостолам, получившие их благословение на преподавание. Они не стремились создать детализированные богословские трактаты – их задача заключалась в практическом наставлении и укреплении общин. В результате текст представляет собой своего рода катехизис, где изложены основные положения христианского учения и практические советы для жизни по заповедям Христа.

Одним из ключевых аспектов, которые сформировали авторов «Дидахе», была необходимость сохранить чистоту веры и обычаев в условиях преследований и искушений. Раннехристианские общины часто сталкивались с проблемами внутреннего разделения, искушениями языческих культов и влиянием греко-римской философии. Поэтому текст уделяет большое внимание вопросам морали, четко разделяя «путь жизни» и «путь смерти», предостерегая верующих от уклонения в ересь и грех.

Апостолы и их последователи, авторы этого документа, находились в непосредственном контакте с живой традицией. Они получали свои наставления непосредственно от Иисуса Христа и через Него – от Бога. Их задача была передать эти знания следующим поколениям христиан, чтобы вера сохранялась в своем первоначальном виде и передавалась без искажений. Это был нелегкий труд, требующий мудрости, терпения и непрестанной молитвы.

Авторы «Дидахе» также были знакомы с реальными проблемами ранних христианских общин. Они не просто передавали заповеди, но также помогали верующим справляться с повседневными трудностями, будь то вопросы милосердия, гостеприимства или отношения к проповедникам и пророкам. Духовные наставники, на которых опирались общины, должны были вести свою паству по пути жизни, а для этого нужны были практические советы, касающиеся как нравственности, так и богослужебной жизни.

Текст «Дидахе» позволяет нам лучше понять не только раннехристианскую мораль и богослужебные традиции, но и ту культуру, в которой развивалась христианская вера. Авторы заботились о том, чтобы христиане осознавали свою ответственность перед Богом и ближними. Множество наставлений направлены на укрепление христианских общин в их вере и поддержание духовного единства, что было жизненно важным в условиях постоянных гонений и трудностей.

Хотя имена конкретных авторов этого текста остаются неизвестными, их труд не утратил своей ценности. В последующие века «Дидахе» стало одной из самых важных частей церковной традиции, влияя на формирование церковной дисциплины и порядка богослужений. Его влияние можно проследить в раннехристианских литургиях, правилах подготовки к таинствам и даже в современных церковных практиках.

Таким образом, «Дидахе» – это коллективный труд первых христианских учителей, которые своими наставлениями помогали общинам следовать пути, проложенному Иисусом Христом и Его апостолами. Этот текст остается важным духовным руководством, которое вдохновляет и сегодня, помогая христианам стремиться к святости и жизни по заповедям Божиим.

ДИДАХЕ

(«ЖУРНАЛ МОСКОВСКОЙ ПАТРИАРХИИ», 1975, № 11)

ГЛАВА 1. УЧЕНИЕ О ДВУХ ПУТЯХ

1. Есть два пути: один – жизни и один – смерти, но между обоими путями большое различие.

2. Путь жизни таков: во-первых, ты должен любить Бога, создавшего тебя, во-вторых, – ближнего своего, как себя самого, и всего того, чего не хочешь, чтобы было с тобою, и ты не делай другому.

3. Слов же сих учение таково: благословляйте проклинающих вас и молитесь за врагов ваших, молитесь и за гонящих вас, ибо какая (вам за то) благодарность, если вы любите любящих вас? Не то же ли делают и язычники? Вы же любите ненавидящих вас и не будете иметь врага.

4. Удаляйся от плотских и мирских похотей. Если кто ударит тебя в правую щеку, обрати к нему и другую и будешь совершен. Если кто поймет (принудит. – Прим. ред.) тебя на одну милю, иди с ним две. Если кто отнимет у тебя верхнюю одежду, отдай и хитон. Если кто возмет у тебя твое, не требуй назад, ибо ты этого не можешь.

5. Всякому, просящему у тебя, давай и не требуй назад, ибо Отец хочет чтобы все подаваемо было из Его даров. Блажен дающий по заповеди, ибо он неповинен. Горе принимающему, ибо если кто, имея нужду, принимает, тот будет неповинен, если же (кто принимает), не имея нужды, тот даст отчет, почему принял и на что: подвергшись же заключению, испытан будет относитель-

но того, что сделал, и не выйдет оттуда, пока не отдаст последнего кодранта.

6. Но и о сем также сказано: пусть милостыня твоя запотеет в руках твоих, пока ты не узнаешь, кому дать.

ГЛАВА 2. ЗАПОВЕДИ

1. Вторая же заповедь учения.
2. Не убивай, не прелюбодействуй, не будь деторастлителем, не будь блудником, не кради, не волхвуй, не отравляй, не умерщвляй дитяти в зародыше и рожденного не убивай, не пожелай достояния ближнего твоего.
3. Не клянись, не лжесвидетельствуй, не злословь, не злопамятствуй.
4. Не будь двоедушным и двуязычным, ибо двуязычие есть сеть смерти.
5. Да не будет слово твое лживым и пустым, но преисполненным дела.
6. Не будь ни корыстолюбивым, ни хищником, ни лицемером, ни злобным, ни надменным, не принимай лукавого умысла на ближнего своего.
7. Не имей ненависти ни к одному человеку, но одних обличай, за других молись, а иных люби более души своей.

ГЛАВА 3. НАСТАВЛЕНИЕ ПРЕМУДРОГО

1. Чадо мое! Бегай всякого зла и всего подобного ему.

2. Не будь ни гневливым, ибо гнев ведет к убийству, ни ревнивым, ни сварливым, ни запальчивым, ибо от всего этого рождаются убийства.

3. Чадо мое! Не будь ни похотником, ибо похоть ведет к блуду, ни срамословом, ни бесстыжеглазым, ибо от всего этого рождаются прелюбодеяния.

4. Чадо мое! Не будь ни птицегадателем, поскольку (птицегадание) ведет к идолослужению, ни заклинателем, ни астрологом, ни чародеем, не желай смотреть на это, ибо от всего этого рождается идолослужение.

5. Чадо мое! Не будь ни лживым, поскольку ложь доводит до воровства, ни сребролюбцем, ни тщеславным, ибо от всего этого рождаются татьбы.

6. Чадо мое! Не будь ни ропотником, поскольку ропот доводит до богохульства, ни своенравным, ни лукавомыслящим, ибо от всего этого рождаются богохульства.

7. Но будь кротким, поскольку кроткие наследуют землю.

8. Будь долготерпеливым, и милостивым, и незлобивым, и смиренным, и благим, и всегда трепещущим словес, которые услышал.

9. Не превозносись и не допускай в душе своей дерзости. Да не прилепится душа твоя к гордым, но обращайся с праведными и смиренными.

10. Случающиеся с тобой тяжелые обстоятельства принимай, как благо, зная, что без Бога ничего не бывает.

ГЛАВА 4. ОТНОШЕНИЕ К БРАТЬЯМ

1. Чадо мое! Возвещающего тебе слово Божие помни день и ночь, почитай же его, как Господа, ибо где возвещается господство, там Господь есть.

2. Даже ищи каждый день иметь личное общение со святыми, чтобы ты почивал на словах (учения) их.

3. Не производи разделения, а примиряй спорящих; суди праведно, не будь лицеприятен при обличении преступлений.

4. Не думай двоедушно, так или нет.

5. Не протягивай руки для принятия (подаяний) и не сжимай для подаяния.

6. Если ты имеешь (что подать) от (труда) рук твоих, то дай выкуп за грехи твои.

7. Не колеблись подать и, подавая, не ропщи, ибо ты должен знать, кто добрый Мздовоздаятель.

8. Не отвращайся от нуждающегося, но все дели с братом твоим и не говори, что это (все) твоя собственность, ибо если вы соучастники в нетленном, то насколько более в тленном?

9. Не отнимай руки твоей от сына твоего или от дочери твоей, но от юности учи их страху Божию.

10. В гневе твоем не отдавай приказаний рабу твоему или служанке твоей, надеющимся на того же Бога, дабы они никогда не перестали бояться Бога, сущего над обо-

ими вами, ибо Он пришел призвать (ко спасению), не по лицу судя, а тех коих уготовал Дух.

11. Вы же, рабы, подчиняйтесь господам своим, как образу Божию, по совести и со страхом.

12. Ненавидь всякое лицемерие и все, что неугодно Господу.

13. Не оставляй заповедей Господа, но храни то, что принял, не прибавляя и не убавляя.

14. В церкви исповедуй преступления свои и не приступай к молитве своей в лукавой совести. Этот путь есть путь жизни.

ГЛАВА 5. ПУТЬ СМЕРТИ

1. Путь же смерти таков. Прежде всего он лукав и исполнен проклятия. (На пути этом) убийства, прелюбодеяния, похоти, блуд, кражи, идолослужение, волшебства, отравления, хищничества, лжесвидетельства, лицемерия, двоедушие, коварство, высокомерие, злоба, самоуправство, алчность, сквернословие, зависть, дерзость, надменность, тщеславие.

2. (На этом пути) гонители добра, ненавистники истины, любители лжи, не признающие воздаяния за праведность, не привязывающиеся к добру, ни к праведному суду, внимательные не к добру, а к злу, от которых далеки кротость и терпение, любящие суету, гоняющиеся за мздовоздаянием, не милующие бедного, не труждающиеся за утружденного, не признающие Создателя своего, убийцы детей, губители Божия создания, отвращающиеся от нуждающегося, обременяющие угнетенного, заступники богатых, беззаконные судьи бедных, грешники во всем. Удаляйтесь, дети, от всех таковых.

ГЛАВА 6. СЛЕДОВАНИЕ ПУТИ ЖИЗНИ

1. Смотри, чтобы кто не совратил тебя с этого пути учения, поскольку таковой учит тебя вне Бога.

2. Ибо если ты сможешь понести все иго Господне, то будешь совершен, а если не можешь, то делай то, что можешь.

3. Относительно пищи понеси то, что можешь, но крепко воздерживайся от идоложертвенного, ибо это есть служение мертвым богам.

ГЛАВА 7. КРЕЩЕНИЕ

1. А что касается крещения, крестите так: преподав наперед все это вышесказанное, крестите во имя Отца и Сына и Святого Духа в живой воде.

2. Если же нет живой воды, окрести в иной воде, а если не можешь в холодной, (окрести) в теплой.

3. Если же нет ни той, ни другой, то возлей воду на голову трижды во имя Отца и Сына и Святого Духа.

4. А пред крещением пусть постятся крещающий и крещаемый и, если могут, некоторые другие, крещаемому же повели поститься наперед один или два дня.

ГЛАВА 8. БОГОСЛУЖЕНИЕ

1. Посты же ваши да не будут с лицемерами, ибо они постятся во второй и пятый день недели. Вы же поститесь в четвертый и шестой.

2. И не молитесь, как лицемеры, но, как повелел Господь в Евангелии Своем, так молитесь: Отче наш, сущий на небе! Да святится имя Твое; да приидет царствие Твое; да будет воля Твоя и на земле, как на небе; хлеб наш насущный дай нам на сей день, и оставь нам долг наш, как и мы оставляем должникам нашим, и не введи нас в искушение, но избавь нас от лукавого, потому что Твоя есть сила и слава во веки.

3. Трижды в день молитесь так.

ГЛАВА 9. ПРИЧАСТИЕ

1. Что же касается Евхаристии, совершайте ее так.

2. Сперва о чаше: Благодарим Тебя, Отче наш, за святой виноград Давида, отрока Твоего, который (виноград) Ты открыл нам чрез Иисуса, Отрока Твоего. Тебе слава во веки!

3. О хлебе же ломимом: Благодарим Тебя, Отче наш, за жизнь и ведение, которые Ты открыл нам чрез Иисуса, Отрока Твоего. Тебе слава во веки.

4. Как сей преломляемый хлеб был рассеян по холмам и собранный вместе стал единым, так и *Церковь* Твоя от концов земли да соберется в царствие Твое, ибо Твоя есть слава и сила чрез Иисуса Христа во веки.

5. И от Евхаристии вашей никто да не вкушает и не пьет, кроме крещенных во имя Господне, ибо и о сем сказал Господь: не давайте святыни псам.

ГЛАВА 10. ДЕЙСТВИЕ БЛАГОДАТИ

1. По исполнении же (вкушения) так благодарите: Благодарим Тебя, Отче святый, за имя Твое святое, которое Ты вселил в сердцах наших, и за ведение, и веру, и бессмертие, которые Ты открыл нам чрез Иисуса, Отрока Твоего. Тебе слава во веки!

3. Ты, Владыко Вседержитель, сотворил все ради имени Твоего, пищу же и питие дал людям в наслаждение, чтобы они благодарили Тебя, а нам даровал духовную пищу и питие, и жизнь вечную чрез Отрока Твоего.

4. Паче всего благодарим Тебя потому, что Ты всемогущ. Тебе слава во веки!

5. Помяни, Господи, *Церковь* Твою, да избавишь ее от всякого зла и усовершишь ее в любви Твоей, и от четырех ветров собери ее, освященную в царство Твое, которое Ты уготовал ей, потому что Твоя есть сила и слава во веки.

6. Да приидет благодать и да прейдет мир сей. Осанна Богу Давидову! Если кто свят, да приступает, если кто нет, пусть покается. Маран – афа. Аминь.

7. Пророкам же предоставляйте совершать Евхаристию по изволению.

ГЛАВА 11. УЧИТЕЛИ

1. Кто, пришедши, будет учить вас всему этому, пред сим сказанному, примите его.

2. Если же сам учащий, совратившись, будет преподавать иное учение к ниспровержению (вашего служащее), то не слушайте его. Но (если он учит) в преумножении правды и ведения Господа, примите его, как Господа.

3. Относительно же апостолов и пророков согласно повелению евангельскому так поступайте.

4. Всякий апостол, приходящий к вам, пусть будет принят, как Господь.

5. Но он не должен оставаться более одного дня, если же будет нужда, то и другой, но если он пробудет три (дня), то он лжепророк.

6. Уходя же, апостол пусть ничего не принимает, кроме хлеба (сколько потребно) до места ночлега, но если он будет требовать серебра, он лжепророк.

7. И всякого пророка, говорящего в Духе, не испытывайте и не судите, ибо всякий грех отпустится, а этот грех не отпустится.

8. Но не всякий, говорящий в Духе, есть пророк, а лишь тот, кто хранит пути Господни. Следовательно, лжепророк и пророк (истинный) могут быть познаны от путей их (жизни).

9. И никакой пророк, в Духе определяющий быть трапезе, не вкушает от нее, если только он не лжепророк.

10. Лжепророк же есть всякий пророк, учащий истине, если он не делает того, чему учит.

11. Но всякий пророк, признанный истинным, вступающий в мирское таинство Церкви, но не учащий делать то, что сам делает, не должен быть судим вами, ибо он суд имеет у Бога, ибо так поступали и древние пророки.

12. Если же кто в Духе скажет: дай мне серебра или чего другого, вы не должны слушать того. Но если он назначит подаяние для других, неимущих, то никто да не осуждает его.

ГЛАВА 12. ХРИСТИАНСКОЕ СТРАННОПРИИМСТВО

1. Всякий, приходящий во имя Господне, да будет принят, а потом, уже испытав его, вы узнаете (как поступить), ибо вы будете иметь разумение правого и ложного.

2. Если приходящий – странник, помогите ему, сколько можете, но он не должен оставаться у вас более двух или трех дней, и то если бы нужда оказалась.

3. Если же он желает поселиться у вас, то, если он ремесленник, пусть трудится и ест.

4. А если он не знает ремесла, то вы по своему усмотрению позаботьтесь (о нем, но) так, чтобы христианин не жил среди вас праздным.

5. Если же он не желает так поступать, то он христопродавец. Остерегайтесь таковых!

ГЛАВА 13. ВОЗНАГРАЖДЕНИЕ ПРОРОКОВ И УЧИТЕЛЕЙ

1. А всякий истинный пророк, желающий поселиться у вас, достоин своего пропитания.

2. Точно так же и истинный учитель, и он достоин, как трудящийся, своего пропитания.

3. Поэтому всякий начаток – от произведений точила и гумна, а также волов и овец, взявши (его), ты должен отдать начаток этот пророкам, ибо они ваши архиереи.

4. Если же вы не имеете пророка, то отдайте (начаток) бедным.

5. Если ты приготовишь пищу, то, взявши начаток, отдай (его) по заповеди.

6. Точно так же, когда ты открыл сосуд вина или елея, то, взявши начаток, отдай (его) пророкам.

7. И от серебра, и от одежды, и от всякого имения взявши начаток, сколько тебе угодно, отдай (его), по заповеди.

ГЛАВА 14. СОБРАНИЕ В ДЕНЬ ГОСПОДЕНЬ

1. В день Господень собравшись вместе, преломите хлеб и благодарите, исповедавши прежде грехи ваши, дабы чиста была ваша жертва.

2. Всякий же, имеющий распрю с другом своим, да не приходит вместе с вами, пока они не примирятся, чтобы не осквернилась жертва ваша.

3. Ибо о ней сказал Господь: на всяком месте и во всякое время (должно) приносить Мне жертву чистую, потому что Я Царь великий, говорит Господь, и имя Мое чудно в народах.

ГЛАВА 15. ПОМЕСТНЫЕ СЛУЖИТЕЛИ

1. Рукополагайте себе епископов и диаконов, достойных Господа, мужей кротких и несребролюбивых, и истинных, и испытанных, ибо и они исполняют для вас служение пророков и учителей.

2. Поэтому не презирайте их, ибо они почтенные ваши наравне с пророками и апостолами.

3. Обличайте друг друга, но не во гневе, а в мире, как имеете в Евангелии, и со всяким, поступающим оскорбительно по отношению к другому, пусть никто не говорит и никто у вас не слушает (его), пока не покается.

4. Молитва же ваша и милостыня, и все (вообще добрые) дела творите так, как имеете в Евангелии Господа нашего.

ГЛАВА 16. ОЖИДАНИЕ ПРИШЕСТВИЯ ГОСПОДНЯ

1. Бодрствуйте относительно жизни вашей; светильники ваши да не будут погашены, и чресла ваши не препоясаны, но будьте готовыми, ибо вы не знаете часа, в который Господь ваш приидет.

2. Вы должны часто собираться вместе, исследуя, что потребно душам вашим, ибо не принесет вам пользы все время вашей веры, если не сделаетесь совершенными в последний час.

3. Ибо в последние дни умножатся лжепророки и губители, и овцы превратятся в волков, и любовь превратится в ненависть.

4. Ибо, когда возрастет беззаконие, люди будут ненавидеть друг друга и преследовать, и тогда явится мирообольститель, как бы Сын Божий, и совершит знамения и чудеса, и земля предана будет в руки его, и сотворит беззакония, каких никогда не было от века.

5. Тогда тварь человеческая пойдет в огонь испытания и многие соблазнятся и погибнут, а устоявшие в вере своей спасутся от проклятия его.

6. И тогда явится знамение истины: во-первых, знамение отверстия на небе, потом знамение звука трубного и третье – воскресение мертвых.

7. Но не всех (вместе), а как сказано: приидет Господь и все святые с Ним.

8. Тогда увидит мир Господа, грядущего на облаках небесных

Источник: Печатается по изданию: «Журнал Московской Патриархии», 1975, № 11. Памятник датируют и 90-ми годами, и 120–170 гг.

ДИДАХЕ
(ПЕРЕВОД М.С. СОЛОВЬЁВА)

ГЛАВА 1

Есть два пути: один – жизни и один – смерти; велико же различие между обоими путями [1].

И вот путь жизни: во-первых, возлюби Бога, создавшего тебя, во-вторых ближнего своего, как самого себя [2], и не делай ничего другому, чего ты не желал бы, чтобы случилось с тобою [3]. Учение же этих заповедей [4] таково: благословляйте проклинающих вас и молитесь за врагов ваших, поститесь за тех, которые преследуют вас; ибо какая благодать, если вы любите любящих вас? Разве и язычники не делают того же? Вы же любите ненавидящих вас, и не будет у вас врага [5].

Воздерживайся от плотских и телесных [6] похотей [7]. Если кто ударит тебя в правую щеку, обрати к нему и другую, и будешь совершен. Если кто отнимет у тебя верхнюю одежду, отдай ему и нижнюю. Если кто возмет у тебя что-либо твое, не требуй назад [8], ибо ты не можешь [9]. Всякому просящему у тебя давай и не требуй назад, ибо Отец хочет чтобы всем было раздаваемо от даров каждого [10]. Блажен дающий по заповеди, ибо он неповинен [11]. Горе тому, кто берет! Ибо если он берет, имея в том нужду, то он неповинен; а неимеющий нужды даст отчет, зачем и на что он взял и, подвергшись заключению [12], будет спрошен о том, что он сделал и не выйдет оттуда до тех пор, пока не заплатит последнего кодранта [13]. Впрочем об этом сказано еще так: пусть запотеет милостыня твоя в руках твоих, прежде чем ты узнаешь, кому даешь [14].

ГЛАВА 2

Вторая заповедь учения.

Не убивай, не прелюбодействуй, не развращай детей [15], не предавайся блуду, не воруй, не занимайся волхвованием; не составляй яда [16], не умерщвляй младенца во чреве и по рождении не убивай его [17]. Не пожелай того, что принадлежит ближнему твоему, не преступай клятвы, не лжесвидетельствуй, не злословь [18], не помни зла [19]. Не будь двоедушен, ни двуязычен [20], ибо двуязычие есть сеть смерти. Да не будет слово твое пусто, но да будет оно согласно с делом [21]. Не будь алчен, или хищник, или лицемерен, или коварен, или надменен [22]. Не злоумышляй против ближнего своего [23]. Никого не возненавидь [24], но одних обличай, за других молись, иных же возлюби свыше души своей.

ГЛАВА 3

Чадо мое [25]. Убегай от всякого зла и от всего подобного ему [26]. Не отдавайся гневу, ибо гнев ведет к убийству. Не будь вспыльчив, ни сварлив, ни страстен, ибо все это порождает убийства [27]. Чадо мое! не будь похотлив [28], ибо похоть ведет к блуду [29]. Воздерживайся от непристойных речей [30] и не будь наглым [31], ибо все это порождает прелюбодеяния. Чадо мое! не гадай по птицам [32], ибо это ведет к идолопоклонству. Не будь также заклинателем или звездочетом, не твори очищений [33] и не желай даже смотреть на это, ибо все это порождает служение идолам. Чадо мое! не будь лжив, ибо ложь ведет к воровству [34]; ни сребролюбив, ни тщеславен, ибо все это порождает воровство. Чадо мое! удержись от ропота, ибо он ведет к богохульству [35]; не будь также своенравен [36] и не имей дурных помыслов, ибо все это порождает богохульства. Но будь кроток, ибо кроткие наследуют землю [37]. Будь терпелив, и милостив [38], и незлобив [39], и спокоен, и добр и страшись во всякое время тех слов, которые ты слышал [40]. Не превозносись и не будь дерзким [41]. Да не прилепляется сердце твое к высокомерным, но обращайся с праведными и смиренными [42]. Случающиеся с тобой тяжелые обстоятельства принимай как благия, зная, что без Бога ничего не бывает [43].

ГЛАВА 4

Чадо мое! поминай ночью и днем того, кто возвещает тебе слово Божие [44] и почитай его как Господа, ибо где возвещается господство, там Господь [45]. Каждый день стремись к общению со святыми [46] дабы найти успокоение в их словах [47]. Не причиняй раскола, но примиряй спорящих [48]. Суди по справедливости. Обличая проступки, не взирай на лицо [49]. Не сомневайся в том, будет ли (суд Божий) или нет [50]. Не будь протягивающим руки, чтобы получить и складывающим их, когда нужно дать [51]. Если имеешь что-нибудь от рук своих, давай выкуп прегрешений своих [52]. Не колеблись давать и отдавая не ропщи [53], ибо ты узнаешь, кто есть добрый Воздаятель заслуги [54]. Не отворачивайся от нуждающегося [55], но разделяй все с братом своим и не говори, что это твоя собственность [56], ибо если вы имеете общение в бессмертном, не тем ли паче и в смертных вещах? [57] Не отнимай руки своей от сына своего или от дочери своей, но с юности научай их страху Божию [58]. Не приказывай ничего с гневом рабу своему или служанке, уповающим на того-же Бога, дабы они не перестали бояться Бога, Который над вами обоими; ибо Он не по наружности призывает, но приходит к тем, кого уготовал Дух. Вы же, рабы, покоряйтесь господам вашим, как образу Божию со страхом и скромностью [59]. Возненавидь всякое лицемерие и все, что не угодно Господу. Не оставляй заповедей

Господних, но береги то, что получил, ничего не прибавляя и не отнимая [60]. В церкви исповедуй грехи свои [61] и не приступай к молитве своей с дурною совестью [62].

Таков путь жизни! [63]

ГЛАВА 5

А вот путь смерти: прежде всего он зол и полон проклятия [64]. (Тут) убийства, прелюбодеяния, страсти, блуд, воровство, идолопоклонство, чародейство, яд, разбои, лжесвидетельства, лицемерие, двоедушие, коварство, надменность, подлость, самомнение, корысть, сквернословие, зависть, дерзость, высокомерие, чванство. (По этому пути идут) гонители добрых, ненавистники истины, друзья лжи, те, которые не признают воздаяния за праведность, не присоединяются к доброму делу, ни к справедливому суду, не бодрствуют в добре, но во зле [65], от которых далеки кротость и терпение, которые любят суету, гоняются за воздаянием, не сострадают бедному, не удручаются об удрученном, не знают Того, Кто сотворил их. (Тут) детоубийцы, исказители образа Божия, отвращающиеся от нуждающегося, удручающие несчастного, заступники богатых, беззаконные судьи бедных, во всем грешники! Бегите, дети, от всех таковых!

ГЛАВА 6

Смотри, чтобы кто-нибудь не совратил тебя с этого пути учения [66], ибо таковой учит вне Бога. Ибо если ты можешь снести иго Господне в целости [67], то будешь совершен; если же нет, то делай то, что можешь. Что же касается пищи, понеси что можешь [68]; но особенно воздерживайся идоложертвенного, ибо это есть служение мертвым богам [69].

ГЛАВА 7

Что же касается крещения, крестите так: наперед провозгласив все это [70], крестите в живой воде [71] во имя Отца и Сына и Святого Духа. Если же нет живой воды, крести в другой воде; если не можешь в холодной, то в теплой [72]. А если нет ни той, ни другой, возлей воду на голову трижды во имя Отца и Сына и Святого Духа. А перед крещением крестящий и крещаемый должны поститься, также и некоторые другие, если могут. Крещаемому же вели поститься за день или за два.

ГЛАВА 8

Да не совпадают посты ваши с постами лицемеров [73]; ибо они постятся во второй и пятый день по субботе, вы же поститесь в среду и в канун (субботний) [74]. Также не должны вы молиться как лицемеры, но как повелел Господь в своем Евангелии, так и молитесь [75]: Отче наш, сущий на небе [76], да святится имя Твое; да приидет царствие Твое; да будет воля Твоя и на земле, как на небе: хлеб наш насущный дай нам на сей день и прости нам долг наш [77], как и мы прощаем должникам нашим; и не введи нас в искушение; но избави нас от лукавого. Ибо Твоя есть сила и слава во веки [78]. Молитесь так трижды в день.

ГЛАВА 9

Что касается евхаристии, благодарите так. Прежде о чаше [79]: благодарим Тебя, Отче наш, за святую лозу Давида [80], отрока [81] Твоего, которую Ты явил нам через Иисуса, отрока Твоего. Тебе слава во веки!

Что же касается преломляемого хлеба [82] (благодарите так): благодарим Тебя, Отче наш, за жизнь и ведение, которые Ты открыл нам через Иисуса, Сына Твоего [83]. Тебе слава во веки! Как этот преломляемый хлеб быв рассеян по холмам и, будучи собран, сделался единым, так да соберется *церковь* Твоя от концов земли в царствие Твое. Ибо Твоя есть слава и сила чрез Иисуса Христа во веки. Никто же да не ест и не пьет от вашей евхаристии кроме крещенных во имя Господне [84]; ибо об этом сказал Господь: не давайте святыни псам [85].

ГЛАВА 10

Исполнивши все [86], так благодарите: благодарим Тебя, Святый Отче [87], за святое имя Твое, которое Ты вселил [88] в сердца наши, и за ведение и веру и бессмертие, которые Ты открыл нам через Иисуса, Сына Твоего. Тебе слава во веки! Ты, Владыко Вседержитель, создав все, имени Своего ради, дал людям пищу и питье на пользу, чтобы они благодарили Тебя, нас же благословил духовною пищею и питьем и жизнью вечной через Твоего Отрока. Прежде всего благодарим Тебя потому, что Ты всесилен [89]. Тебе слава во веки! Помни, Господи, *церковь* Свою, да охранишь ее от всякого зла и сделаешь ее совершенной в любви Твоей [90], и собери ее от четырех ветров [91], освященную [92], во царствие Твое, которое Ты уготовал ей. Ибо Твоя есть сила и слава во веки! Да приидет благодать [93] и да прейдет мир сей! Осанна сыну Давидову! [94] Если кто свят, пусть приходит, а кто нет, пусть покается. Маран-афа! [95] Аминь.

Пророкам же предоставляйте благодарить сколько они хотят.

ГЛАВА 11

Если кто, придя к вам, станет учить вас всему тому, что сказано выше, того примите. Если же учитель, совратившись сам, станет учить другому, чтобы опровергнуть (т. е. разрушить) ваше учение, такого не слушайте [96]. Если же (он учит с тем), чтобы умножить правду и познание Господа, примите его, как самого Господа [97].

Что же касается апостолов и пророков, согласно правилу [98] Евангелия, поступайте так: всякий приходящий к вам апостол да будет принят как сам Господь. Но он не должен оставаться долее одного дня, в случае же нужды может оставаться и на второй; если же останется три дня, то он лжепророк [99]. Уходя [100], апостол не должен брать ничего, кроме хлеба, (необходимого) до тех пор, пока где-нибудь не остановится [101]. Если же потребует денег, то он лжепророк. И всякого пророка, говорящего в духе, не испытывайте и не расследывайте [102]; ибо всякий грех простится, а этот грех не простится [103]. Но не всякий говорящий в духе есть пророк, а только кто имеет нрав Господень [104], ибо по нраву своему будет признан лжепророк и (истинный) пророк [105]. И никакой пророк, назначая в духе трапезу [106], не станет есть с неё, если только он не лжепророк. Всякий пророк, научающий истине, если он не делает того, чему учит, есть лжепророк [107]. Всякий же изведанный, истинный пророк, поступающий согласно с всемирною тайною церкви [108], но учащий не делать всего того, что он сам делает, да не будет вами судим, ибо его суд у Бога; так поступали и древние пророки. Если же кто скажет в духе: дай мне денег или чего-нибудь другого, не слушайте его [109]; если же попросит дать для других, неимущих, никто да не судит его.

ГЛАВА 12

Всякий, приходящий во имя Господне, да будет принят; а потом, испытавши, вы узнаете его; ибо вы должны иметь рассудок и отличать правое от левого [110]. Если пришедший – странник, помогите ему насколько можете; но он не должен оставаться у вас долее двух или, в случае нужды, трех дней [111]. Если же он будучи ремесленником, захочет поселиться у вас, то пусть работает и ест [112]. А если он не знает ремесла, то поразмыслите и позаботьтесь (устроить его так), чтоб христианин не жил у вас без дела. Если же он не захочет с этим сообразоваться (т. е. так поступать) то он христопродавец. Держитесь подальше от таковых!

ГЛАВА 13

Всякий же истинный пророк, желающий поселиться у вас, достоин пропитания своего [113]; точно также и истинный учитель, как работник, достоин пропитания своего. Поэтому, взявши всякий начаток, от произведений точила и гумна, от быков и овец, отдай начаток этот пророкам, ибо они первосвященники ваши [114]. А если нет у вас пророка отдайте бедным. Если ты приготовишь пищу, то, взявши начаток, отдай его по заповеди. Точно также, если ты открыл сосуд вина или масла, взявши начаток отдай его пророкам. Взявши начаток серебра и одежды и всякого имущества, как тебе угодно [115], отдай по заповеди [116].

ГЛАВА 14

В день Господень [117], собравшись вместе преломите хлеб и благодарите, исповедавши наперед прегрешения ваши, дабы чиста была жертва ваша [118]. Всякий же имеющий распрю с другом своим, да не приходит вместе с вами, пока они не примирятся [119], дабы не была осквернена жертва ваша [120]; ибо таково есть изречение Господа: на всяком месте и во всякое время надлежит приносить Мне жертву чистую, ибо Я царь великий, говорит Господь, и имя Мое чудно в народах [121].

ГЛАВА 15

Поставляйте себе также епископов и диаконов, достойных Господа, мужей кротких и несребролюбивых, и правдивых, и испытанных [122], ибо и они также исполняют для вас служение пророков и учителей; поэтому не презирайте их, ибо они у вас должны быть почитаемы вместе с пророками и учителями [123].

Обличайте друг друга не во гневе, но в мире, как имеете в Евангелии [124]; со всяким же кто погрешает против ближнего, никто да не разговаривает, и пусть он не слышит от вас (слова), пока не покается [125]. А молитвы ваши и милостыни и все дела творите так, как имеете в Евангелии Господа нашего [126].

ГЛАВА 16

Бодрствуйте о жизни вашей: да не погаснут светильники ваши, и чресла ваши да не будут развязаны [127], но будьте готовы, ибо вы не знаете часа, в который приходит Господь ваш [128]. Часто сходитесь вместе, исследуя то, что полезно душам вашим [129]; ибо не принесет вам пользы все время веры вашей, если вы не сделаетесь совершенными в последнее время [130]. Ибо в последние дни умножатся лжепророки и губители и превратятся овцы в волков, и любовь превратится в ненависть. Ибо когда возрастет беззаконие, станут (люди) ненавидеть друг друга и преследовать и предавать, и тогда явится обманщик мира, на подобие Сына Божия, и станет творить знамения и чудеса, и земля предастся в руки его, и будет он творить беззаконие, каких никогда не бывало от века [131]. Тогда придет тварь человеческая в огонь испытания, и многие соблазнятся и погибнут [132], а пребывшие в вере своей спасутся в самом проклятии [133]. И тогда явятся знамения истины [134]: первое знамение – разверзнется небо [135], потом знамение гласа трубного, и третье – воскресение мертвых [136], но не всех, а как сказано: приидет Господь и все святые с Ним [137]. Тогда узрит мир Господа, грядущего на облаках небесных [138].

ДИДАХЕ
(ПЕРЕВОД К. Д. ПОПОВА)

ГЛАВА 1

Есть два пути: один – жизни и один – смерти[139]; но между обоими путями (существует) большое различие. Путь жизни состоит в следующем: во-первых, ты должен любить Бога, создавшего тебя; во-вторых – ближнего своего, как самого себя[140]; и всего того, чего не желаешь, чтобы случилось с тобою, не делай и ты другому[141]. Учение же, заключающееся в сих словах[142], следующее: благословляйте проклинающих вас и молитесь за врагов ваших, и поститесь за ваших гонителей; ибо какое благодеяние, если вы любите любящих вас? Не делают ли тоже и язычники?[143] Вы же любите ненавидящих вас, и вы не будете иметь врагов[144]. Удаляйся от плотских и мирских похотей[145]. Если кто ударит тебя в правую щеку, обрати к нему и другую, и будешь совершен. Если кто-либо принуждает тебя итти с ним одну милю, иди с ним две; если кто берет твою верхнюю одежду, отдай ему и рубашку[146]; если кто взял у тебя твое, не требуй назад; ибо ты этого не можешь[147]. Всякому просящему у тебя дай и не требуй назад[148]; ибо Отец желает, чтобы всем было даруемо от Его благодатных даров[149]. Блажен дающий по заповеди, ибо он свободен от наказания[150]; но горе принимающему: ибо если кто берет, имея нужду, то тот свободен от наказания; не имеющий же нужды даст отчет, почему и для чего брал, и, подвергшись заключению[151], он будет испытан и относительно того, что он делал, и не выйдет оттуда, пока не уплатит последнего кодранта [152]. Но и о сем также было сказано: «пусть милостыня твоя преет в твоих руках, пока ты узнаешь, кому ты должен ее дать»[153].

ГЛАВА 2

Вторая заповедь учения. Не убивай, не прелюбодействуй, не будь деторастлителем[154], не любодействуй, не крадь, не волхвуй, не отравляй[155], не умерщвляй дитяти в зародыше и не убивай уже родившегося[156]; не желай принадлежащего ближнему твоему. Не клянись, не лжесвидетельствуй, не злословь[157], не помни зла[158]. Не будь двойственным в мысли, ни двуязычен; ибо двуязычие есть сеть смерти [159]. Да не будет слово твое лживо, ни пусто, но согласно с делом [160]. Не будь корыстолюбивым, ни хищником, ни лицемером, ни злонравным, ни надменным[161]. Не предпринимай худого намерения против ближнего своего[162]. Не имей ненавнсти ко всякому человеку, но одних обличай, за других молись, а иных люби более души своей[163].

ГЛАВА 3

Чадо мое![164] Избегай всякого зла и всего подобного ему[165]. Не будь гневлив, ибо гнев ведет к убийству; ни ревнив, ни сварлив, ни вспыльчив; ибо из всего этого происходят убийства[166]. Чадо мое не будь похотлив[167]; ибо похоть доводит до блуда[168]; не будь срамословен[169] и не поднимай высоко очей своих[170]; ибо из всего этого происходят прелюбодеяния. Чадо мое! не будь птицегадателем[171], потому что сие ведет к идолослужению; ни заклинателем, ни математиком[172], ни чародеем[173], и не желай смотреть на подобное; ибо из всего этого происходит идолослужение. Чадо мое! не будь лжив, поскольку ложь доводит до татьбы; ни сребролюбив, ни тщеславен; ибо из всего этого происходят татьбы[174]. Чадо мое! не будь ропотником; ибо сие ведет к богохульству [175]; ни дерзким[176] ни зломыслящим; ибо из всего этого происходят богохульства. Но будь кроток, потому что кроткие наследуют землю[177]. Будь долготерпелив и милостив[178], и незлобив[179], и смирен, и добр, и всегда трепещи слов, которыя ты услышал[180]. Не превозносись и не давай душе своей дерзости[181]. Да не прилепляется душа твоя к гордым, но обращайся с праведными и смиренными[182]. Случающияся с тобою (печальныя) обстоятельства, принимай как благия, зная, что без Бога ничего не бывает[183].

ГЛАВА 4

Чадо мое! Днем и ночью поминай проповедующего тебе слово Божие [184], и почитай его, как Господа; ибо где проповедуется господство, там есть Господь[185]. Ежедневно посещай святых[186], дабы ты мог укрепиться[187] словами их. Не причиняй разделения, спорящих же примиряй[188], суди справедливо, не взирай на лицо, когда обличаешь кого-либо в грехопадениях[189]. Не сомневайся, будет ли (суд Божий) или нет[190]. Не простирай рук к принятию и не сжимай при отдании[191]. Если ты имеешь от труда рук своих, то дай выкуп за грехи свои[192]. Не колеблись давать и, отдавая, не ропщи[193]; ибо ты узнаешь, кто добрый Мздовоздаятель[194]. Не отвращайся от нуждающегося[195], но во всем имей общение с братом своим и ничего не называй своею собственностью[196]; ибо если вы соучастники в нетленном, то тем более в вещах тленных![197] Не отнимай руки своей от сына своего или от дочери своей, но от юности учи их страху Божию[198]. Во гневе своем не повелевай рабам своим или рабою, надеющимися на того же Бога, дабы они не перестали бояться Бога, сущего над обоими вами; ибо Он не приходит призывать, судя по лицам, но Он (призывает) тех, коих уготовал Дух. Вы же, рабы, повинуйтесь господам своим, как образу Божию, в почтении и страхе[199]. Ненавидь всякое лицемерие и все, что неугодно Господу. Не оставляй заповедей Господних, но сохраняй то, что получил, ни прибавляя, ни убавляя[200]. Исповедуй в церкви согрешения свои[201] и не приступай к молитве своей с худою совестью[202]. Таков путь к жизни.

ГЛАВА 5[203]

А путь к смерти следующий: прежде всего он злой и исполнен проклятия[204]; (здесь) убийство, прелюбодеяние, похоть, блуд, татьба, идолослужение, волшебство, отравление, хищение, лжесвидетельство, лицемерие, двоедушие, коварство, гордость, злоба, высокомерие, алчность, сквернословие, зависть, дерзость, заносчивость, тщеславие; (здесь) гонители добрых, ненавистники истины, любители лжи, не признающие воздаяния за праведность, не прилепляющиеся к добру, ни к праведному суду, бдительные не в добре, но в зле[205], от которых далека кротость и терпение; (здесь же) любящие суету, гоняющиеся за мздовоздаянием, не имеющие сострадания к бедному, не трудящиеся за утружденных[206], не знающие Творца своего, убийцы детей, погубители образа Божия, отвращающиеся от нуждающегося, притеснители угнетенного, защитники богатых, беззаконные судьи бедных, грешники во всем! Берегитесь, дети, от всех таких людей!

ГЛАВА 6

Берегись, чтобы кто-либо не совратил тебя от этого пути учения[207], так как он учит тебя вне Бога[208]. Ибо если ты действительно можешь понести все иго Господне, то будешь совершен[209], а если не можешь, то делай то, что можешь[210]. Относительно пищи понеси то, что можешь°[211]; но крепко воздерживайся от идоложертвенного, ибо это есть служение богам мертвым[212].

ГЛАВА 7

Что же касается до крещения[213], то крестите так. Сообщив наперед все вышесказанное учение[214], крестите во имя Отца и Сына и Святого Духа в воде проточной[215]. Но если ты не имеешь воды проточной, то крести в другой воде; если же невозможно в холодной, то (крести) в теплой. А если не имеешь той и другой, то возлей трижды воду на главу во имя Отца и Сына и Святого Духа[216]. Но пред крещением пусть постятся крещающий и крещаемый и, если могут, некоторые другие. Но крещающемуся прикажи, чтобы он наперед постился день или два[217].

ГЛАВА 8

Посты же ваши да не будут вместе с лицемерами, ибо они постятся в понедельник и четверг[218]. Вы же поститесь в среду и пятницу[219] и не молитесь как лицемеры, но как повел Господь в Евангелии, так молитесь[220]: «Отче наш, сущий на небе![221] да святится имя Твое; да приидет царствие Твое, да будет воля Твоя и на земле, как на небе. Хлеб наш насущный дай нам в сей день; и прости нам долг наш[222], как и мы прощаем должникам нашим; и не введи нас во искушение, но избавь нас от лукавого. Ибо Твоя есть и сила и слава во веки»[223]. Так молитесь трижды в день[224].

ГЛАВА 9

А что касается до евхаристии, то благодарите следующим образом.

Сперва относительно чаши[225]: «Благодарим Тебя, Отец наш, за святой виноград[226] Давида, Отрока Твоего[227], который (виноград) Ты явил нам чрез Иисуса Отрока Твоего. Тебе слава во веки!»

А относительно преломляемого хлеба[228]: «Благодарим Тебя, Отец наш, за жизнь и ведение, которыя Ты явил нам чрез Иисуса Отрока Твоего [229]. Тебе слава во веки! Как сей преломляемый хлеб был разсеян (в зернах) на холмах и соединен во едино, так да будет соединена Твоя *Церковь* от концов земли в Твое царство, потому что Твоя есть слава и сила чрез Иисуса Христа во веки».

Но никто да не вкушает, ни пиет от вашей евхаристии кроме крещеных во имя Господне[230]; ибо касательно сего сказал Господь: не давайте святыни псам [231].

ГЛАВА 10

После же насыщения благодарите так: «Благодарим Тебя, Отец Святый [232], за Твое святое имя[233], которое Ты вселил[234] в сердцах наших, и за ведение, и веру, и безсмертие, которыя Ты явил нам чрез Иисуса Отрока Твоего. Тебе слава во веки! Ты, Владыко Вседержитель, сотворил все ради имени Твоего; пищу же и питие Ты дал людям в наслаждение, дабы они возблагодарили Тебя; а нам милостиво даруй духовную пищу и питие и жизнь вечную чрез Отрока Твоего. Прежде всего благодарим Тебя, потому что Ты всемогущ[235]. Тебе слава во веки! Помяни, Господи, *Церковь* Твою, избавь ее от всякого зла и усоверши ее в любви Твоей[236] и собери ее, освященную[237], от четырех ветров[238] в царство Твое, которое Ты уготовал ей, потому что Твоя есть сила и слава во веки! Да приидет благодать[239] и прейдет сей мир![240] Осанна Сыну Давидову![241] Если кто свят, – да приступит сюда; а если нет, – пусть покается. Маран-афа![242] Аминь».

Пророкам же дозвольте благодарить, сколько они желают.

ГЛАВА 11

Если кто, пришедши к вам, станет учить вас тому, что сказано прежде, того примите. А если сам учитель, совратившись, станет учить другому учению, так что разрушает сказанное, то не слушайте его[243]; но если он учит так, что умножает правду и знание Господа, то примите его, как Господа[244].

Относительно же апостолов и пророков соответственно постановлению[245] Евангелия поступайте так. Всякого апостола, приходящего к вам, примите, как Господа. Но он пусть не остается долее одного дня; если же будет нужда, то и другой день; но если он пробудет три дня, то он лжепророк[246]. Апостол, отправляющийся в путь[247], не должен ничего брать кроме хлеба (сколько нужно) до места его остановки[248]; но если он потребует денег, то он лжепророк. Далее, всякого пророка, говорящего в духе, не испытывайте и не судите[249]; ибо всякий грех будет прощен, но этот грех не будет прощен[250]. Однакож не всякий, говорящий в духе, есть пророк, но если только он будет иметь нравы Господа[251]. Следовательно от нравов может быть познан лжепророк и (истинный) пророк[252]. И всякий пророк в духе, назначающий (для бедных) трапезу, не вкушает от нея, иначе он лжепророк. Но каждый пророк, учащий истине, если не делает того, чему учит, есть лжепророк[253]. Всякий пророк испытанный, истинный, поступающий сообразно с мирскою тайною Церкви²⁵⁴, но не учащий всех делать того, что сам делает, не должен быть судим вами, потому что он имеет суд у Бога; ибо так поступали и древние пророки. Если кто в духе скажет: дай мне денег или другого чего-либо, не слушайте его²⁵⁵; но если он потребует для подаяния другим нуждающимся, то никто да не осудит его.

ГЛАВА 12

Всякий, приходящий во имя Господне, должен быть принят, но потом, испытав его, познайте его; ибо вы должны различать правое и ложное[256]. Если же приходящий[257] есть странник, то помогите ему, сколько можете, но он пусть не остается у вас долее двух или трех дней, если это необходимо. Но если он, будучи ремесленником, желает поселиться у вас, то пусть работает и ест[258]. Если же он не знает ремесла, то позаботьтесь о нем по вашему усмотрению, так чтобы христианин не жил среди вас праздным. А если он не желает так поступать, то он христопродавец[259]. Удаляйтесь от таковых.

ГЛАВА 13

Каждый же истинный пророк, желающий поселиться у вас, достоин своего пропитания[260]. Точно так же и истинный учитель, как всякий работник, достоин своего пропитания. Поэтому, взявши каждый начаток из произведений точила и гумна, а также волов и овец, дай пророкам, ибо они ваши первосвященники[261]. Но если не имеете пророка, то дайте бедным. Если ты приготовишь пищу, то, взявши начаток, отдай его по заповеди; точно так же, если ты открыл сосуд вина или елея, то, взявши начаток, отдай пророкам, Взявши начаток серебра и одежды и всякого имения, отдай, как тебе угодно, по заповеди[262].

ГЛАВА 14

В день Господень, собравшись вместе, преломите хлеб и благодарите[263], исповедавши прежде грехи свои, дабы чиста была ваша жертва[264]. Всякий же, имеющий спор с другом своим, да не приходит вместе с вами, пока они не примирятся[265], чтобы не осквернена была жертва ваша[266]; ибо так гласит изречение Господа[267]: на всяком месте и во всякое время должно приносить Мне жертву чистую: ибо Я Царь великий, говорит Господь, и Мое имя чудно у народов.

ГЛАВА 15

Поставляйте²⁶⁸ себе епископов²⁶⁹ и диаконов, достойных Господа, мужей кротких и несребролюбивых и истинных и испытанных²⁷⁰; ибо они также исполняют для вас служение пророков и учителей. Посему не пренебрегайте ими; ибо они должны почитаться вами вместе с пророками и учителями²⁷¹.

Обличайте друг друга не во гневе, но в мире, как имеете это в Евангелии²⁷²; и со всяким, дурно поступающим с ближним своим, пусть никто не говорит и не услышит он слова от вас, пока не покается²⁷³. Молитвы же ваши и милостыни и все дела творите так, как находите это в Евангелии Господа нашего²⁷⁴.

ГЛАВА 16

Будьте бдительны относительно жизни вашей; светильники ваши да не будут погашены и чресла ваши развязаны[275], но будьте готовыми; ибо вы не знаете часа, в который приходит Господь наш[276]. Часто сходитесь вместе, изследуя то, что потребно душам вашим[277]; ибо все время веры вашей не принесет вам пользы, если не будете совершенны в последнее время[278]. Ибо в последние дни умножатся лжепророки и губители и овцы обратятся в волков и любовь превратится в ненависть; ибо когда усилится неправда, то будут ненавидеть друг друга, и преследовать и предавать, и тогда явится искуситель мира, подобный Сыну Божию, и сотворит знамения и чудеса, и земля будет предана в руки его, и сотворит беззакония, каких никогда не было от века[279]. Тогда тварь человеческая пойдет в огонь испытания, и соблазнятся многие и погибнут [280]; но пребывшие в вере своей будут спасены от проклятия его [281]. И тогда явится знамение истины[282]: во первых, знамение отверстия на небе, потом знамение звука трубного и третье – воскресение мертвых[283], но не всех, а как сказано: прийдет Господь и все святые с Ним[284]. Тогда увидит мир Господа, грядущего на облаках небесных[285].

Сочинение это было написано, должно быть, не позже конца 1-го или начала 2-го века по Рождестве Христовом. На подлинность и на древность его указывают свидетельства древних церковных писателей. Напр. в творениях *Климента Александрийского*, умершего ок. 217 г. по Р. Х., находится ссылка на священное писание в следующих выражениях: «Сыне! не будь лжив, поскольку ложь доводит до татьбы». Так как в Евангелии не было такого места, то поэтому и полагали, что сочинение, на которое ссылается Климент, погибло. Теперь оказалось, что место это находится в учении 12 Апостолов (гл. III).

Из церковной истории *Евсевия Кесарийского* видно, что хотя «Учение 12 апостолов» и не вошло в Новый Завет, но известно многим учителям Церкви.

Св. *Афанасий Великий*, сообщая список боговдохновенных книг, включает в него и «Учение 12 апостолов».

Этих свидетельств достаточно, чтобы увериться в подлинности и древности сочинения.

Но кроме того самым главным доказательством подлинности этого сочинения для каждого служит то, что оно передает сжато главныя основы учения Иисуса Христа и что оно проникнуто чистыми и возвышенными христианскими мировоззрениями.

Перевод сделан с греческого *К. Д. Поповым*.

Источник: Учение двенадцати апостолов. Недавно открытое сочинение времен апостолов. – Пер. с греческого *К. Д. Попова*. – М.: Типография В ы с о ч а й ш е утвержд. Т-ва И. Д. Сытина, 1898. – 23 с.

ПРИМЕЧАНИЯ

1 – Сравн. Иер. XXI, 8; Вар. IV, 1; Втор. XXX, 15–20; Матф. VII, 13. 14; 2Петр. II, 15; посл. Варнавы XVIII; Пастырь Эрма, Заповедь VI, Бес. Климента VII, 7.

2 – Ср. Матф. XXII, 37–39.

3 – Ср. Бес. Клим. XII, 32; Матф. VII, 12; Лук. VI, 31; Тов. IV, 15.

4 – т. е. раскрытие, истолкование этих заповедей Господа о любви к Богу и к ближнему.

5 – Ср. Матф. V, 44–46; Лук. VI, 27–35; Климента Александрийского Строматы, VII. Сравнительно с евангелиями мы встречаем здесь две новые мысли о посте за гонителей и о том, что у нас не будет врагов, если мы будем любить ненавидящих нас.

6 – Мы переводим согласно с рукописью; Вриенний заменяет слово σωματικῶν «телесных» словом κοσμικῶν «мирских».

7 – Ср. 1Петр. II, 11; Тит. II, 12; посл. Поликарпа к Филипп. V.

8 – Ср. Матф. V, 39–48; Лук. VI, 29–30.

9 – Ср. 1Кор. VI, 1; Матф. V, 40. Христианин не может употребить насилие или обратиться к языческому суду. Так объясняет это место Вриенний (Διδαχη 6). Гарнак предполагает, что этот текст испорчен и, на основании одного сочинения 6-го века, думает, что первоначально

вместо «συδε γαρ δυνασαι» стояло «καιπερ δυναμενος» (1 Theil 6).

10 – Ср. Пастырь Эрма, Заповедь II, Матф. V, 45.

11 – Ср. Паст. Эрма, Заповедь II. Ἀθῶος Матф. XXVII, 4–24.

12 – Συνοχη Лук. XXI, 25; 2Кор. II, 4.

13 – Матф. V, 25; Деян. XII, 58–59.

14 – Мы не знаем, кому принадлежит это темное изречение. Смысл всего места таков: блажен дающий по заповеди, только что приведенной, т. е. дающий всякому просящему; такой человек неповинен и в том случае, если он дает недостойному, ибо лучше давать без колебания (ср. IV главу «Учения»), но также позволяется руководствоваться тем правилом, чтобы давать милостыню с разбором.

15 – Ср. Лев. XX, 13; Рим. I, 27.

16 – Ср. Деян. VIII, 9–11; XIII, 6; Гал. V, 23; Исх. XXII, 18; Апок. IX, 21.

17 – Прем. Сол. XII, 5; Посл. Варнавы XIX.

18 – Ср. Прит. Сол. XX, 20; Матф. XV, 4 и V, 22.

19 – Ср. Зах. VIII, 17; Прит. XII, 28; Посл. Варн. II; Клим. Рим. 1Кор. XXVIII.

20 – Сир. XVIII, 13; V, 9; Прит. XI, 13; VI, 2; 1Тим. III, 8.

21 – Соб. полно дела. Ср. Матф. V, 37; XXIII, 3; Клим. Рим. 1Кор. XXVIII.

22 – Ср. Авв. II, 9; Ис. LXI, V; Лев. XIX, 13; 1Петр. II, 1; Рим. I, 29; Прит. III, 34; Посл. Поликарпа к Филипп. II и VI.

23 – Ср. Ис. III, 9; Эрма, Видение I, 2.

24 – Οὐ πας, «ни один» – выражение, свойственное еврейскому языку, а не греческому, и обличающее в авторе «Учения» христианина из иудеев.

25 – Сир. II, III, IV; Прит. II, III, V, VI, VII.

26 – Ср. 1Фес. V, 22; Рим. XII, 9; Послание Поликарпа к Филипп. XI; Варнавы IV.

27 – Ср. Прит. XXIX, 22; Иак. I, 19–20; III, 16; Ефес. IV, 31; Кол. III, 8; 2Кор. XII, 20; Гал. V, 20; Рим. XIII, 13; 1Кор. III, 3.

28 – Ср. 1Кор. X, 6.

29 – Ср. Иак. I, 14; Эрма, Заповедь IV и XII.

30 – Ср. Кол. III, 8; Ефес. V, 3–4.

31 – Ὑψηλόφθαλμος – высоко держащий глаза означает качество, противоположное скромности, побуждающей опускать глаза.

32 – Ср. Лев. XIX, 26; Втор. XVIII, 9–12.

33 – Ср. Втор. XVIII, 10. Разумеются очистительные жертвоприношения и заклинания против болезней.

34 – Это место приводит Климент Александрийский, как заимствованное из Писания. Стром. I, 20.

35 – Ср. Иуд. 16; Флп. II, 14; Матф. XX, 1–15; Ефес. IV, 31; 1Кор. X, 10, Варнавы III.

36 – Ср. 2Петр. II, 10; Прит. XXI, 24; Климент Рим. 1Кор. LVII.

37 – Ср. Матф. V, 5.

38 – Ср. Кол. III, 12; 1Фес. V, 14–15; Ефес. IV, 32.

39 – Ср. Эрма, Завоведь II.

40 – Ср. Ис. LXII, 2.

41 – Соб. не давай душе своей дерзости. Ср. Рим. XII, 16; Сир. I, 30; X, 7; Лук. XVIII, 14; Клим. Рим. 1Кор. XXX.

42 – Ср. Клим. Рим. 1Кор. XLVI; Варнавы IV; Прит. XIII, 20.

43 – Ср. Сир. II, 4; Евр. XII, 7–11.

44 – Ср. Евр. XII, 25; XIII, 7.

45 – 2Петр. II, 10; Иуд. V, 8.

46 – Соб. ища лица святых. Послание Поликарпа к Филипп. XII; Эрма, Видение III, 8.

47 – Лук. X, 6 и Рим. II, 7.

48 – Ср. Клим. Рим. 1Кор. II, 1; 2Кор. I, 10; Рим. XIV, 19.

49 – Ср. Лев. XIX, 15–18; Втор. I, 17; XVI, 19.

50 – Ср. Сир. I, 28; Иак. I, 8; Эрма, Заповедь IX; Клим. Рим. 1Кор. XI и XXIII, 2Кор. XI.

51 – Ср. Сир. IV, 31; Клим. Рим. 1Кор. II.

52 – Ср. Прит. III, 27; Дан. IV, 24.

53 – Ср. 1Петр. IV, 9; 2Кор. IX, 7; Эрма, Притча IX.

54 – Ср. Клим. Рим. 2Кор. XI.

55 – Ср. Сир. IV, 5.

56 – Ср. Рим. XII, 13; Деян. IV, 32; II, 44–45; Гал. VI, 6.

57 – Ср. Рим. XIII, 27.

58 – Ср. Ефес. VI, 4. 5. 9; Прит. XIX, 18; Клим. Рим. 1Кор. XXI; Эрма, Видение I.

59 – Ср. Ефес. VI, 5–9; Тит. II, 9; 1Петр. II, 18; Послания Игнатия к Поликарпу IV.

60 – Ср. Апок. XXII, 14. 18. 19.

61 – Ср. Псал. XXXIV, 18; Иак. V, 16; Клим. Рим. 1Кор. LI и LII.

62 – Ср. Клим. Рим. 1Кор. XLV, XXIII, XXIX и 2Кор. XVI.

63 – Варн. VI и XVIII.

64 – Послание Варнавы I.

65 – Ср. послание Варнавы XXI.

66 – т. е. с пути жизни.

67 – «Держи крепко заповеди Господа и не смущайся тем, что они трудно исполнимы, ибо если ты не можешь сделаться совершенным и исполнить все заповеди, то можешь приблизиться к совершенству». Таковы, по нашему, связь и общий смысл этих слов, но Гарнак предполагает, что под выражением: «целое иго Господне» (ολος ο ζυγος) следует разуметь высший подвиг христианского аскетизма – безбрачие (1 Th. s. 19).

68 – Смысл не совсем ясен. Вриенний думает, что это относится к иудейским запрещениям относительно пищи, необязательным для всех христиан, против которых вос-

стает Варнава в XI главе своего послания (Διδαχη σελ. 26). По мнению Гарнака, здесь говорится о воздержании от мясной пищи (1 Th. s. 21). По связи с дальнейшим последнее объяснение более вероятно.

69 – Ср. Клим. Рим. 2Кор. III.

70 – т. е. все, сказанное в первых шести главах. Трудно решить, какой смысл следует придавать слову προειποντες, означает ли оно простое чтение первых шести глав или предварительное наставление в тех заповедях, составляющих путь жизни, которые человек должен познать прежде крещения. Если понимать в последнем смысле, то нужно перевести так: «сообщив наперед все это...»

71 – Живая вода – проточная.

72 – Напр. в случае болезни или в стране с холодным климатом.

73 – Τῶν ὑποκριτῶν – вероятно, разумеются фарисеи.

74 – Τετράδα καὶ παρασκευη – считая от субботы, четвертый день соответствует нашей среде, а παρασκευη, т. е. канун субботы или шестой день еврейской недели совпадает с нашею пятницей. Второй же и пятый день по субботе (когда постились фарисеи в память восшествия и сошествия Моисея на Синай) соответствует нашему понедельнику и четвергу.

75 – Ср. Матф. VI, 5–13; Лук. XI, 2–4. Текст молитвы Господней в «Учении», более приближается к тексту Матфея, чем Луки.

76 – У Матфея и Луки: ἐν τοις οὐρανοις.

77 – У Матфея и Луки: οφειληματα и τας αμαρτιας.

78 – У Матфея: ὅτι σου εστίν η βασιλεια κ. τ. λ.

79 – Относительно порядка евхаристии сравни Лук. XXII, 14–18.

80 – Смысл этого выражения, по нашему мнению, таков: в Иисусе Бог явил Своим людям ветвь, отрасль Давида.

«И изыдет, говорит Исаия, жезл из корене Иессеова, и цвет от корене его взыдет» (Ис. XI, 1).

81 – Ср. Деян. III, 13. 26; IV, 25. 30: Климента Рим. 1Кор. LIX.

82 – Ср. 1Кор. X, 16.

83 – Ср. Клим. Рим. 1Кор. XXXVI.

84 – Ср. Деян. XIX, 5.

85 – Ср. Матф. VII, 6.

86 – т. е. после вкушения хлеба и вина; такой перевод правильнее, нежели: «после насыщения», как переводит Гарнак и др. (см. Wünsche s. 18).

87 – Ср. Иоан. XVII, 11.

88 – Ср. Иоан. I, 14; Эрма, Подобие V, 6–7.

89 – Ср. Псал. LXXXVIII, 9; Лук. I, 49; Рим. IV, 21; XI, 23; 2Кор. IX, 8; Иов. X, 13.

90 – Ср. 1Иоан. IV, 18; Иоан. XVII, 15; Клим. Рим. 1Кор. L.

91 – Ср. Матф. XXIV, 31; Зах. II, 6.

92 – Ефес. V, 25.

93 – Деян. III, 19; Апок. XXII, 17. 20; Тит. II, 11; 1Петр. I, 13.

94 – Матф. XXI, Вриенний изменяет выражение рукописи Δεῷ Δαβίδ на υἱῷ Δαβίδ.

95 – т. е. Господь идет!

96 – Ср. 2Иоан. V, 10; Игн. к Ефес. IX.

97 – Ср. Матф. X, 40; Лук. X, 16; Иоан. XIII, 20.

98 – Ср. Деян. XVI, 4; Матф. X, 5–12; VII, 15–29; Лук. IX, 1–6; X, 4–21.

99 – Ср. Матф. VII, 15, XXIV, 11; 1Иоан. IV, 1.

100 – Ср. 1Кор. XVI, 5–9; Герма, Видение III.

101 – Матф. X, 9–10; Марк. VI, 8; Лук. IX, 3.

102 – Ср. Апок. II, 2.

103 – Ибо это есть грех против Духа Святого. Ср. Матф. XII, 31; Лук. XII, 10; Марк. III, 28–30.

104 – Ср. Матф. VII, 22–23.

105 – Ср. Матф. VII, 15–16; Эрма, Заповедь XI.

106 – Выражение «в духе» (ἐν πνεύματι) означает: в экстазе, по наитию свыше. Пророки имели обычай устраивать на средства христиан трапезу для бедных; но некоторые могли злоупотреблять этим обычаем, доставляя также и себе пропитание от этой трапезы, о чем предостерегает сочинитель «Учения».

107 – Ср. Матф. XXIII, 3; Игн. к Ефес. XV.

108 – Гарнак дает удовлетворительное объяснение этого темного места (I Hälfte s. 44–47). В V главе послания к Ефесянам апостол Павел говорит: жены, своим мужем повинуйтеся, якоже Господу: зане муж глава есть жены, якоже и Христос глава Церкве, и той есть спаситель тела: Тако должни суть мужие любити своя жены, яко своя телеса… Тайна сия велика есть: аз же глаголю во Христа, и во Церковь. Из этих слов многие христианские аскеты выводили следующее заключение: Церковь есть невеста Христова, тело Христово, а потому всякий входящий в состав этого тела должен пребывать в невинности, не нарушать брачного союза между Христом и Церковию. Гораздо труднее примирить с этим объяснением ссылку на «древних» пророков; ветхозаветные пророки, разумеется не могли иметь в виду таинственный союз Христа с Церковью, а потому Гарнак видит здесь пророков христианских II века (напр. Квадрат, Иуда, Сила и др.). Но трудно допустить, чтобы сочинитель «Учения» даже если последнее написано около 170–180 г. мог назвать этих пророков древними. Мы думаем, что выражение: «так поступали и древние пророки» относится не к одному безбрачию, а вообще ко всем подвигам аскетизма, которые совершали древние пророки, не делая их обязательными для других (Иоанн Креститель). Кажется выражение: ὅσα αὐτὸς ποιεῖ дает право на такое толкование.

109 – Ср. Матф. X, 8; Деян. VIII, 18; Мих. III, 11.

110 – Ср. Иоан. IV, 11; 2Кор. VI, 7; 2Тим. II, 7.

111 – Апостолы и пророки не должны оставаться три дня. Ср. выше гл. XI.

112 – Ср. 2Фес. III, 6–15.

113 – Ср. Матф. X, 10; Лук. X, 17; 1Кор. IX, 18. 14; 1Тим. V, 17–18.

114 – Ср. Втор. XVIII, 3–4; Числ. XVIII; Иез. XLIV, 30.

115 – т. е. сколько угодно.

116 – Матф. XXIII, 23. 4; Лук. XI, 42; XVIII, 12.

117 – Κυριακη Κυριου – плеоназм. Ср. 1Кор. XI, 20; Апок. I, 10.

118 – 1Петр. II, 5; Евр. XIII, 10.

119 – Ср. Матф. V, 23–24.

120 – Ср. Матф. XV, 11–20; Марк. VII, 15–23; Деян. X, 15. 21. 28; Евр. IX, 13.

121 – Малах. I, 11. 14.

122 – Ср. Клим. Рим. 1Кор. XLII и XLIV; Тит. I, 7.

123 – Ср. Клим. Рим. 1Кор. XLIV.

124 – Матф. V, 22; XVIII, 15–17; 21–35; 2Тим. IV, 2.

125 – Ср. Клим. Рим. 2Кор. XVII.

126 – Ср. Матф. VI и VII; Лук. XI и XII; Кол. III, 7.

127 – Ср. Лук. XII, 35; Ефес. VI, 14; 1Петр. I, 13.

128 – Ср. Матф. XXIV, 42. 44; Апок. III, 3.

129 – Ср. посл. Варнавы IV; Клим. Рим. 2Кор. XVII: Игнатия к Ефес. XIII.

130 – Ср. послание Варнавы IV; 2Иоан. V, 8; Езек. XVII, 24.

131 – Ср. 2Тим. III, 1; Иуды V, 18; Матф. XXIV, 3–14; 24–31; 2Фес. II, 1–12.

132 – Ср. Зах. XIII, 8.

133 – Пребывшие в вере будут прокляты антихристом, и это самое проклятие спасет их. Если καταθεμα полагать = καταθεσις и переводить устроением, то смысл существенно остается тот же самый.

134 – Ср. Матф. XXIV, 3. 30.

135 – Вриеннний понимает εκπετασις εν ουρανωω как вознесение или восхищение на встречу Господу, о чем говорит ап. Павел.

136 – Ср. 1Кор. XV, 51–52; Матф. XXIV, 31.

137 – Ср. Зах. XIV, 5.

138 – Ср. Матф. XXIV, 30.

139 – Об этих путях ясно говорит Иерем. XXI, 8: Так говорит Господь: вот Я предлагаю вам путь жизни и путь смерти. Сравн. посл. Вар. IV, 11; Втор. XXX, 15–20; Матф. VII, 13–14; 2Петр. II, 15. Посл. Вар. XVIII; Пастырь Ерма, Запов. VI, 1; 2 Клим. рим. Вероятно предположение Вриенния, что это выражение Διδαχὴ имел в виду и Клим. Алекс. Стром. V.

140 – Посл. Варн. XIX; Матф. XXII, 37–39.

141 – Матф. VII, 12; Лук. VI, 13; Тов. IV, 15; Беседа Клим. XII, 32.

142 – Т.-е. учение слов Господних или двух заповедей Господних о любви к Богу и ближнему.

143 – Лук. VI, 28–32; Матф. V, 44–46. Ни в св. писании, ни в древних отеческих писаниях не находим указания на пост за гонителей; возможно, что, по свидетельству «Уч. двен. апост.», древние христиане и соединяли пост с молитвою за своих врагов и гонителей.

144 – Клим. алекс. Стром. VII; Лук. VI, 27. 35.

145 – Сравн. 1Петр. II, 11; Тит. II, 12; Клим. рим. 2Кор. XVII, Полик. посл. к Филад. V.

146 – Сравн. Матф. V, 39. 41; Лук. VI, 29–30.

147 – Т.-е. назад требовать от язычников, похищающих христианское имущество и желающих судиться у языческих судей, что верующим воспрещает апостол Павел. 1Кор. VI, 1; Матф. V, 40. Вриен.

148 – Ср. Лук. VI, 30.

149 – Ерм. Зап. II; Матф. V, 45. Χάρισμα. Рим. V, 15.

150 – Ср. Ерм. Зап. II.

151 – Ὁ συνοχή, см. Лук. XXI, 25; 2Кор. II, 4.

152 – Ср. Матф. V, 25–26; Лук. XII, 58–59.

153 – Это изречение, не заключающееся в Новом Завете, принадлежит к числу ἄγραφα δόγματα. Впрочем, сравн. Сир. XII, I и дал.

154 – Οὐ παιδοφθορήσεις. Это слово не встречается в Новом Завете. Ср. Лев. XX, 13; Рим. I, 27.

155 – Ср. Деян. VIII, 9. 11; Гал. V, 20; Апок. IX, 21.

156 – Пр. Сол. XII, 5; Посл. Вар. XIX.

157 – Притч. Сол. XX, 20; Матф. XV, 4 и V, 22.

158 – Сравн. Зах. VIII, 17; Притч. XII, 28; Посл. Вар. II, XIX; Клим. рим. 1Кор. II.

159 – Посл. Вар. XIX; Сир. XXVIII, 13; V, 9; Притч. XI, 13; VI, 2; 1Тим. III, 8.

160 – Клим. алекс. Стром. VII; Матф. V, 37; XXIII, 3; Клим. рим. 1Кор. XXXVIII.

161 – Аввак. II, 9; Ис. LXI, 8; Лев. XIX, 13; 1Петр. II, 1; Рим. I, 29; Прит. III, 34; Посл. Поликар. к Филад. II и VI.

162 – Ис. III, 9; Ерм. Вид. I, 2.

163 – Иуд. 22; Лев. XIX, 17; Втор. XXIII, 7.

164 – Выражение, часто встречающееся в Св. Писании. Сир. II, III, IV; Прит. II, III, V, VI, VII. Ср. Матф. IX, 2; XXI, 28. Иоан. XIII, 33 и пр.

165 – Выражение близкое к 1Фес. V, 22; ср. Рим. XII, 9; Посл. Варн. IV; Полик. посл. к Фил. гл. XI.

166 – Сравн. Прит. XXIX, 22; Иак. I, 19–20; III, 16; Ефес. IV, 31; Кол. III, 8; 2Кор. XII, 20; Гал. V, 20; Рим. XIII, 13; 1Кор. III, 3; Посл. Полик. к Фил.

167 – Сравн. 1Кор. X, 6.

168 – Ср. Иак. I, 19; Ерм. Зап. IV и XII.

169 – Кол. III, 8; Ефес. V, 3–4.

170 – В писаниях отеческих находим советы опускать или потуплять очи при разговоре с женщинами, а не

бросать на них сладострастных взоров. «Если же вынужден будешь, говорит св. Исидор Пелусиот, свидеться с женщинами, то склони очи долу» (2 т. 74 пис. рус. пер.).

171 – Οἰωνοσκόπος; ср. Лев. XIX, 26. 31; Втор. XVIII, 9–12.

172 – Т.-е. астрологом или магом. У Терт.: nam et mathematici plurimum Marcionitae (adv. Mar. I, 18). Иуст. апол. I, 14.

173 – Περίκαθαίρων. Смысл этого слова определяется во Втор. XVIII, 9; Ис. V, 7.

174 – Клим. алекс. (Стром. I, 20) приводит это место в качестве изречения Св. Писания.

175 – Иуд. 16 ст.; Флп. II, 14; Матф. XX, 15; Ефес. IV, 31; 1Кор. X, 10; Посл. Варн. гл. III.

176 – 2Петр. II, 10; Прит. XXI, 24; Клим. Рим. 1Кор. LVII.

177 – Матф. V, 5.

178 – Кол. III, 12; 1Фес. V, 14–15; Ефес. IV, 32; Ерм. Зап. V.

179 – Ерм. Зап. II.

180 – Ис. LXII, 12.

181 – Сравн. Рим. XII, 16; Сир. I, 30; X. 7; Лук. XVIII, 14; Клим. Рим. 1Кор. XXX.

182 – Клим. Рим. 1Кор. XLVI; Посл. Вар. IV; Прит. XIII, 20.

183 – Ср. Сир. II, 4; Евр. XII, 7–11; Клим. Алекс. Стром. VII.

184 – Ср. Евр. XII, 25; XIII, 7.

185 – В Апостольских Постановлениях это выражение перефразировано (VII) так: ибо где учение о Боге, там присутствует Бог. 2Петр. II, 10; Иуд. 8 ст.; Ерм. Под. 6, 1.

186 – Святыми называются здесь все верующие; ср. гл. X и Полик. посл. Фил. XII. Ерм. вид. III. 8; Апост. Пост. VII, 2, 2.

187 – Слово ἐπαναπαύεσθαι в Новом Завете встречается только у Лук. X, 6 и Рим. II, 7 и означает: почивать, успокоиться, но мы переводим его в переносном смысле; ибо

слушание проповеди и назидательных речей делается для укрепления ума, чувства и воли.

188 – Посл. Варн. XIX; Клим. рим. 1Кор. II; 1Кор. 10; Рим. XIV, 19.

189 – Лев. XIX, 15–18; Втор. I, 17; XVI, 19.

190 – Сир. I, 28; Иак. I, 8; Посл. Варн. XIX; Ерм. Зап. IX; Клим. рим., 1Кор. XI; XXIII и 2Кор. XI.

191 – Сир. IV, 31; Клим. рим. 1Кор. II; Деян. XX, 35.

192 – Прит. III, 27; Дан. IV, 24; Варн. посл. XIX.

193 – 1Петр. IV, 9. Сравн. Варп. посл. XIX; 2Кор. IX, 7; Ерм. Подобие IX.

194 – Клим. рим. 2Кор. XI.

195 – Сравн. Сир. IV, 5.

196 – Рим. XII, 13; Деян, IV, 32; II, 44–45; Гал. VI, 6; Ирин. adv. haer. XVIII, 2.

197 – Рим. XV, 27.

198 – Ефес. VI, 4. 5. 9 и др.; Прит. XIX, 18; Клим. рим., 1Кор. XXI; Ерм.

199 – Ефес. VI, 5. 9; Тит. II, 9; 1Петр. II, 18; Игнат. посл. к Полик. IV.

200 – Выражение могло быть заимствовано из Втор. XII, 32. Сравн. Апок. XXII, 14. 18. 19.

201 – Псал. XXXIV, 18; Иак. V, 16; Клим. рим., 1Кор. LI и LII.

202 – Клим. алекс. Стром. VII; Клим. рим., 1Кор. XLV, XXIII, XXIX и 2Кор. XVI.

203 – Эта глава почти буквально совпадает с XX гл. посл. Варнавы.

204 – Посл. Варнавы IV и XVIII.

205 – Слово ἀγουπνεῖν, см. Лук. XXI, 36; Ефес. VI, 18.

206 – 2Петр. II, 7.

207 – Т.-е. пути жизни.

208 – Т.-е. совратитель вместо пути жизни предлагает путь смерти, неугодный Богу.

209 – Сравн. Матф. XI, 29–30; XIX, 21; Флп. III, 14–15.

210 – Сравн. посл. Варн. гл. XIX; Клим. римск., 2 Коринф.

211 – Сравн. Деян. XV; Рим. XIV; Посл. Варн. X; Иустин. диал. 53 гл.

212 – Сравн. Клим. римск., 2 Коринф. III.

213 – Βάπτισμα, Иустин. апол. I, 61; Тертул. «О крещении»; Варн. XI; Клим. рим., 2 Посл. к римл.; Ерм. Вид. III, 7. 3; Игнат. посл. к Полик. 6; в Новом Завете встречается двадцать раз в форме βαπτισμός.

214 – Т.-е. все то, что сказано в первых шести главах.

215 – Буквально: в воде живой – ἐν ὕδατι ζῶντι, т.-е. в источнике или реке. Следовательно, в выражении ἐν ὕδατι ζῶντι, заключается указание на обычай первоначальной Церкви крестить в реке или же в естественных водоемах.

216 – Из контекста речи видно, что крещение чрез обливание допускается только в исключительных случаях.

217 – О посте пред крещением Иуст. I, 61; Тертуллиан «О крещении». Гл. 20.

218 – Δευτέρα σαββάτων καὶ πέμπτῃ.

219 – Τετράδα καὶ παρασκευήν.

220 – Сравн. Матф. VI, 5–13; Лук. XI, 2–4.

221 – У евангелистов Матфея и Луки: «на небесах» (ἐν οὐρανοῖς).

222 – У Матфея: «долги» наши (ὀφελήματα); у Луки: «грехи» (τὰς ἁμαρτίας).

223 – У Матфея: ибо Твое есть царство и сила и слава во веки.

224 – Сравн. Дан. VI, 11; Деян. II, 15; III, 1; X, 9. 30; Тертул. de jejun. c. X.

225 – Сравн. Лук. XXII, 14–18; 1Кор X, 16. 21.

226 – Это выражение могло быть образовано по Иоан. XV или Матф. XXVI, 29.

227 – Παῖς; сравн. Деян. III, 13. 26; IV, 25. 30; Клим. рим., 1Кор. LIX.

228 – Сравн. 1Кор. X, 16.

229 – Сравн. Клим. рим., 1Кор. XXXVI.

230 – Сравн. Деян. XIX. 5; Иуст. апол I, 66.

231 – Матф. VII, 6.

232 – Иоан. XVII, 11.

233 – Лук. I, 49; Иоан. XVII, 26; Деян. VI, 30.

234 – Иоан. I, 14: ἐσκήνωσεν. Ерм. Подобие V, 6–7.

235 – Сравн. Псал. LXXXVIII, 9. Клим. Алекс. Стром. II; Лук. I, 49; Рим. IV, 21; XI, 23; 2Кор. IX, 8; Иов. X, 13.

236 – Сравн. Иоан. IV, 18; Иоан. XVII, 15; Клим. рим., 1Кор. L.

237 – Ефес. V, 25.

238 – Сравн. Матф. XXIV, 31; Зах. II, 6.

239 – Деян. III, 19 и дал.; Апок. XXII, 17. 20; Тит. II, 11; 1Петр. 1, 13.

240 – Во времена Тертуллиана молились об отдалении конца этого мира: Oramus etiam… pro mora finis…, Apolog. c. 39.

241 – Ср. Клим. алекс. Педаг. I, 5; Матф. XXI, 9.

242 – Μαραναθά, Господь идет. Ср. 1Кор. XVI, 22.

243 – Сравн. 2Иоан. V, 10; 2Петр. II, 1; Игн. к Ефес. IX.

244 – Ср. Матф. X, 40; Лук. X, 16; Иоан. XIII, 20.

245 – Κατὰ τὸ δόγμα τοῦ εὐαγγελίου. Деян. XVI, 4. Сравн. Матф. X, 5–12; VII, 15–29; Лук IX, 1–6; X, 4–21.

246 – Ср. Матф. VII, 15; XXIV, 11; 1Иоан. IV, 1.

247 – Ср. 1Кор. XVI, 5–10; Ерм. Вид. III, 5.

248 – Матф. X, 9–10; Марк. VI, 8; Лук. IX, 3.

249 – Апок. II, 2.

250 – Как грех против Духа Святого. Сравн. Матф. XII, 31; Лук XII, 10; Марк. III, 28–30.

251 – Ср. Матф. VII, 22–23.

252 – Ср. Матф. VII, 15–16; Ерм. Зап. XI.

253 – Ср. Матф. XXIII, 3; Игн. Посл. к Ефес. гл. XV.

254 – Ποιῶν εἰς μυστήριον κοσμικὸν ἐκκλησίας. Смысл этого выражения не ясен. Вриеннй видит здесь указание на символическия действия древних пророков (Псал. XX, 2 и след.; Иер. XIX). Напротив, Гарнак усматривает здесь указание на брачную жизнь пророка во образ союза Христа с Церковию; а под древними пророками он понимает новозаветных пророков. Объяснение Вриенния представляется более вероятным; но объяснение Гарнака делает возможным буквальный перевод вышеприведенного выражения.

255 – Сравн. Матф. X, 8; Деян. VIII, 18; Мих. III, 11.

256 – Сравн. Иоан. IV, 11; 2Кор. VI, 7; 2Тим. II, 7.

257 – Сравн. Игнат. к Ефес. IX, к Рим. IX; Иуст. апол. I, 67.

258 – 2Фес. III, 6–15.

259 – Χριστέμπορος – человек, извлекающий выгоду из своего христианского звания.

260 – Матф. X, 10; Лук. X, 17; 1Кор IX, 13–14; 1Тим. V, 17–18.

261 – Сравн. Втор. XVIII, 3–4; Числ. XVIII; Иез. XLIV, 30.

262 – Матф. XXIII, 23–24; Лук. XI, 42; XVIII, 12.

263 – Апок. X, 10; Варн. XV; Игнат. к Магн. IX; Иуст. апол. I, 67.

264 – 1Петр. II, 5; Евр. XIII, 10; Игнат. посл. к Трал. VII.

265 – Сравн. Матф. V, 23–24; Ирин. adv. haer. lib. IV, 18, 1.

266 – Матф. XV, 11–20; Марк. VII, 15–23; Деян. X, 15. 21. 28; Евр. IX, 13.

267 – Малах. I, 11. 14.

268 – Χειροτονήσατε; ср. 2Кор. VIII, 19; Игн. посл. к Филад. X, к Смир. XI.

269 – Слово ἐπίσκοποι означает здесь, как и в апостольских писаниях не одних епископов, но и пресвитеров.

270 – Клим. рим., 1Кор. XLIV и XLII; Тит. I, 7.

271 – Ср. Клим. рим., 1Кор. XLIV.
272 – Матф. V, 22; XVIII, 15–17; 21–35; 2Тим. IV, 2; Сир. X, 16.
273 – Сравн. Клим. рим., 2Кор. XVII.
274 – Матф. VI и VII; Лук. XI и XII; Кол. III, 17.
275 – Лук. XII, 35; Ефес. VI, 14; 1Петр. I, 13.
276 – Матф. XXIV, 42. 44; Апок. III, 3.
277 – Сравн. Посл. Варн. гл. IV; Клим. рим., 2Кор. XVII; Игн. посл. к Ефес. гл. XIII.
278 – Посл. Варн. гл. IV; 2 Иоан. ст. 8; Иез. XVIII, 24.
279 – Сравн. 2Тим. III, 1; Иуд. ст. 18; Матф. XXIV, 3–14; 24–31; 2Фес. II, 1–12.
280 – Зах. XIII, 8.
281 – Κατάθεμα = κατανάθεμα = ἀνάθεμα. Сравн. 1Кор. XII, 3.
282 – Матф. XXIV, 3. 30.
283 – Сравн. 1Фес. IV, 13–17; 1Кор. XV, 51–52; Матф. XXIV, 31.
284 – Зах. XIV, 5.
285 – Матф. XXIV, 30.

Православная библиотека – Orthodox Logos

- *Песня церкви - Праведники наших дней* – Артём Перлик
- *Сказки* – Артём перлик
- *Патристика* – Артём Перлик
- *Следом за овцами - Отблески внутреннего царства* – Монахиня Патрикия
- *Откровенные рассказы странника духовному своему отцу*
- *Семь слов о жизни во Христе* – праведный Николай (Кавасила)
- *О молитве* – святитель Игнатий (Брянчанинов)
- *Об умной или внутренней молитве* – преподобный Паисий (Величковский)
- *В помощь кающимся* – святитель Игнатий (Брянчанинов)
- *Христианство по учению преподобного Макария Египетского* – преподобный Иустин (Попович), Челийский
- *Философские пропасти* – преподобный Иустин Челийский (Попович)
- *Священное Предание: Источник Православной веры* – митрополит Каллист (Уэр)
- *Толкование на Евангелие от Матфея* – святой Феофилакт Болгарский, архиепископ Охридский
- *Толкование на Евангелие от Марка* – святой Феофилакт Болгарский, архиепископ Охридский
- *Толкование на Евангелие от Луки* – святой Феофилакт Болгарский, архиепископ Охридский
- *Толкование на Евангелие от Иоанна* – святой Феофилакт Болгарский, архиепископ Охридский
- *Таинство любви* – Павел Евдокимов

- *Мысли о добре и зле* – святитель Николай Сербский (Велимирович)
- *Миссионерские письма* – святитель Николай Сербский (Велимирович)
- *Живой колос* – праведный Иоанн Кронштадтский (Сергиев)
- *Дидахе. Учение Господа, переданное народам через 12 апостолов*

www.orthodoxlogos.com

www.ingramcontent.com/pod-product-compliance
Lightning Source LLC
Chambersburg PA
CBHW060620080526
44585CB00013B/911